Orações de louvor, cura e libertação

Dados Internacionais de Catalogação na Publicação (CIP)
(Câmara Brasileira do Livro, SP, Brasil)

Bohn, Antônio Francisco
  Orações de louvor, cura e libertação / Antônio Francisco Bohn. – Petrópolis, RJ : Vozes, 2015.

  ISBN 978-85-326-5114-3

  1. Cura 2. Libertação 3. Louvor a Deus
  4. Orações 5. Vida cristã I. Título.

15-06504   CDD-242.2

Índices para catálogo sistemático:
1. Orações : Vida cristã : Cristianismo   242.2

ANTÔNIO FRANCISCO BOHN

Orações de louvor, cura e libertação

EDITORA VOZES

Petrópolis

© 2015, Editora Vozes Ltda.
Rua Frei Luís, 100
25689-900 Petrópolis, RJ
www.vozes.com.br
Brasil

Todos os direitos reservados. Nenhuma parte desta obra
poderá ser reproduzida ou transmitida por qualquer forma
e/ou quaisquer meios (eletrônico ou mecânico, incluindo
fotocópia e gravação) ou arquivada
em qualquer sistema ou banco de dados
sem permissão escrita da editora.

Diretor editorial
Frei Antônio Moser

Editores
Aline dos Santos Carneiro
José Maria da Silva
Lídio Peretti
Marilac Loraine Oleniki

Secretário executivo
João Batista Kreuch

Editoração: Gleisse Dias dos Reis Chies
Diagramação: Sheilandre Desenv. Gráfico
Capa: Sarah David
Ilustração de capa: © Waamel | Dreamstime

ISBN 978-85-326-5114-3

Editado conforme o novo acordo ortográfico.

Este livro foi composto e impresso pela Editora Vozes Ltda.

Sumário

Introdução, 7

Orações de bênção, 9
1 A bênção do Senhor desça sobre mim, 11
2 Senhor Deus, tua mão me abençoe, 12
3 Que o Senhor esteja sempre diante de mim, 13
4 O Senhor me conceda sua bênção, 14
5 Senhor, tua bênção esteja comigo, 15

Orações de adoração, 17
1 Jesus, Palavra eterna, 19
2 Criador é o Senhor, 20
3 Louvo a ti, meu Deus, 21
4 Senhor, eu te amo acima de todas as coisas, 22
5 Senhor Deus único, Tu és santo, 23

Orações de petição, 25
1 Senhor, livra-me de toda amargura, 27
2 Senhor, ouve a minha oração, 28
3 Senhor, em ti procuro meu refúgio, 30
4 Da angústia, tristeza e opressão, 31
5 Senhor, tem piedade de mim, 32

Orações de intercessão, 33

1 Senhor, peço tua intercessão, 35
2 Eu creio, Senhor Jesus, 36
3 Vem, Espírito Santo, 37
4 Minha voz se eleva ao Senhor, 38
5 Cura-me, Senhor Jesus, 39

Orações de ação de graças, 41

1 Pai celestial, 43
2 Bendito sejas, ó Deus, criador do universo, 44
3 Senhor, elevo a ti meu agradecimento, 45
4 Obrigado, Senhor, 46
5 Senhor, recebe minha liberdade inteira, 47

Orações de louvor, 49

1 Senhor, eu te agradeço pela minha vida, 51
2 Bendirei o Senhor por toda a minha vida, 52
3 Quero louvar o Senhor, 53
4 Louvarei o nome do Senhor, 54
5 Confiarei ao Senhor, 55

Introdução

A oração consiste em elevar a alma até Deus ou em pedir bens conformes à sua vontade. Ela é sempre um dom de Deus que vem ao encontro de uma pessoa. A oração cristã é relação pessoal e viva dos filhos de Deus com o Pai de bondade, com o seu Filho Jesus Cristo e com o Espírito Santo que habita em cada coração.

Somos chamados à oração porque primeiramente Deus, através da criação, chama do nada todos os seres e ainda porque, mesmo depois da queda, o homem continua a ser capaz de reconhecer o seu Criador, conservando o desejo daquele que o chamou à existência.

Quais são as formas essenciais da oração cristã? São elas: a bênção e a adoração, a oração de petição e a intercessão, a ação de graças e o louvor.

A bênção é a resposta humana aos dons de Deus. Nós o bendizemos, pois Ele nos abençoa e concede os seus dons. A adoração é a prostração do homem que se reconhece criatura diante do seu Criador. A oração de petição pode ser um pedido de perdão ou mesmo uma súplica humilde e confiante em relação a todas as nossas necessidades espirituais ou materiais.

A intercessão nos conforma e nos une à oração de Jesus que intercede por todos junto do Pai. E todos os acontecimentos se convertem para o cristão em motivo de ação de graças. O louvor é a forma de oração que mais imediatamente reconhece quem é Deus.

O caminho da nossa oração é Cristo. Ela se dirige ao Pai, mas a oração só chega até Ele se a fazemos no nome de Jesus. A sua humanidade é, pois, o único caminho pelo qual o Espírito Santo nos ensina a rezar a Deus.

Orações de
bênção

1
A bênção do Senhor desça sobre mim

A bênção do Senhor desça sobre mim.
E que a mão do Senhor me guarde e proteja.

A bênção do Senhor esteja sempre comigo.
E que a mão do Senhor não se desvie de mim.

A bênção do Senhor esteja sempre a meu favor.
E que a mão do Senhor me guie com segurança.

A bênção do Senhor me seja favorável.
E que a mão do Senhor não me deixe nada faltar.

A bênção do Senhor sobre mim produza frutos.
E que a mão do Senhor me ampare todos os dias.

A bênção do Senhor me conceda proteção e paz.
E que a mão do Senhor me abençoe com seu poder.

Amém.

2

Senhor Deus, tua mão me abençoe

Senhor Deus, tua mão me abençoe.
E derrame sobre mim a tua bênção.
Cumulando-me com a tua misericórdia.

Confirmado com a tua proteção,
esteja sempre pronto para dar-te graças.
E sempre te bendizer.

Os que esperam tua bondade e tua graça,
que alcancem, por tua generosidade, o que desejam.
E possam louvar-te para sempre.

Amém.

3
Que o Senhor esteja sempre diante de mim

Que o Senhor esteja sempre diante de mim.
Apontando-me o seguro e correto caminho.

Que o Senhor esteja sempre atrás de mim.
Amparando-me quando minhas forças vacilam.

Que o Senhor esteja sempre ao meu lado.
Como amigo fiel nos caminhos da vida.

Que o Senhor esteja sempre dentro de mim.
Animando-me para a luta em defesa da vida.

Que o Senhor esteja sempre abaixo de mim.
Oferecendo chão firme para seguir em segurança.

Que o Senhor esteja sempre acima de mim.
Protegendo-me e conduzindo-me com sua mão.

Que o Senhor me abençoe, me guarde e me proteja.

Amém.

4
O Senhor me conceda sua bênção

O Senhor me conceda sua bênção,
para praticar a generosidade, manifestar a ternura
e procurar o amor, sendo perseverante na oração.

Sendo solidário, hospitaleiro e agradecido;
viver o amor autêntico e interessar-me pelo bem;
e colocar-me a serviço dos outros.

Manifestar minha fé em gestos concretos,
perseverar no amor fraterno,
praticar o amor e a misericórdia.

Ser generoso e saber repartir,
ser perfeito em todo bem,
praticante da Palavra.

Estar cheio de amor e de espírito humilde,
suportar com paciência a provação,
ter um coração cheio de compaixão e misericórdia.

Amém.

5
Senhor, tua bênção esteja comigo

Senhor, tua bênção esteja comigo para:
acreditar e anunciar, alimentar-me com a fé,
amar os outros com ardor e de coração sincero.

Conservar a fé autêntica,
colocar-me a serviço através do amor,
caminhar sob o impulso do Espírito Santo.

Dar testemunho de Cristo,
exercitar-me na piedade,
fortalecer o coração pela graça.

Manter a confiança e a perseverança,
a mansidão e a serenidade,
o respeito e a consciência limpa.

Guardar a paz e a misericórdia,
manifestar a fé em gestos concretos,
pedir tudo com confiança e com fé.

Amém.

Orações de
adoração

1
Jesus, Palavra eterna

Jesus, Palavra eterna,
amor e bondade do Pai, eu te adoro.
Jesus, Filho de Maria,
servidor e irmão dos pobres, eu te adoro.
Cristo, Bom Pastor,
Porta do Reino dos Céus, eu te adoro.
Cristo, Luz do mundo,
Caminho, Verdade e Vida, eu te adoro.
Jesus, fonte de água viva,
Palavra de Vida, eu te adoro.
Jesus, amigo fiel,
bondoso amigo, eu te adoro.
Cristo, paz e ternura,
perdão e salvação, eu te adoro.
Cristo, união fraterna,
vivo e ressuscitado, eu te adoro.
Jesus, esperança verdadeira,
paz e reconciliação, eu te adoro.

Amém.

2
Criador é o Senhor

Criador é o Senhor, tudo o que vive e respira;
exalte suas obras, seus grandes feitos gloriosos.

Grande é o Senhor, com alegria quero servi-lo;
proclamar suas maravilhas, cantar seus louvores.

Digno de glória é o Senhor, quero exaltá-lo;
honrar seu nome santo, com louvor e gratidão.

Forte é o Senhor, quero bendizê-lo;
elevo minha adoração e ação de graças.

Poderoso é o Senhor, merece ser honrado;
ampara minhas forças, em tudo me atende.

Digno de fé é o Senhor, fiel nas promessas;
diante dele se elevam súplicas e louvores.

Misericordioso é o Senhor, clemente;
Pai de todos, cujo amor é comprovado.

Amém.

3
Louvo a ti, meu Deus

Louvo a ti, meu Deus,
exalto teu nome grandioso;
glorifico a ti, Senhor de todo universo.

A ti, louvam todas as criaturas,
a ti, cantam os céus teus poderes;
a ti, Eterno Pai, adora toda a terra.

Mereces todo louvor e adoração,
Senhor da glória, Deus vivo e verdadeiro;
graças sejam dadas por toda a eternidade.

Amém.

4
Senhor, eu te amo acima de todas as coisas

Senhor, eu te amo acima de todas as coisas,
busco-te na oração como refúgio e proteção;
adoro-te com firmeza de propósito.

Desejo-te como realidade última,
louvo-te como perpétuo benfeitor;
invoco-te com a intensidade da minha fé.

Ilumina minha inteligência,
inflama minha vontade;
purifica meu coração,
santifica minha alma.

Amém.

5
Senhor Deus único, Tu és santo

Senhor Deus Único, Tu és o Santo
que operas maravilhas, és forte e grande.

Tu és o Altíssimo, Senhor Onipotente;
Pai Santo, criador do céu e da terra.

Mereces louvor e adoração, a prostração;
vivo e verdadeiro, és a bondade e todo bem.

És o amor misericordioso que tudo perdoa;
a caridade perfeita que nada deixa faltar.

A razão de nossa fé, o motivo da nossa alegria;
a sabedoria que tudo governa, soberano.

Tu és a paciência, a harmoniosa beleza;
mansidão, segurança e razão de nossa esperança.

Guarda onipotente, protetor e defensor;
digno de louvor e glória, júbilo e exaltação.

Amém.

Orações de *petição*

1
Senhor, livra-me de toda amargura

Senhor, livra-me de toda amargura
e sentimento de culpa que trago comigo.

Cura-me, Senhor.
Toca meu coração com tua mão misericordiosa
e cura-o, Senhor.

Sei que o sentimento de angústia não provém de ti.
Envia-me teus santos anjos;
que me libertem de toda dor-mágoa.

Faz-me também sempre alegre e grato,
não obstante as dificuldades de cada dia.

Amém.

2
Senhor, ouve a minha oração

Senhor, ouve a minha oração.
Pela tua fidelidade, escuta a minha súplica.

A ti faço minha prece confiante; atende-me sem demora.
Que minhas mãos estendidas não fiquem vazias.

Não deixes meu coração inclinar-se ao mal.
Pois para ti é que se voltam os meus olhos.

Eu me refugio junto de ti, não me deixes perecer.
Guarda-me, ó Deus fiel, neste momento de tribulação e angústia.

Apressa-te em me atender, venha teu socorro em meu auxílio.
Não ocultes a tua face, faze-me sentir tua bondade.

Em ti coloco a minha confiança.
Mostra-me o caminho que devo seguir.

Porque é para ti que se eleva a minha súplica.
Em nome de tua clemência, livra minha alma da
  tribulação.

Amém.

3

Senhor, em ti procuro meu refúgio

Senhor, em ti procuro meu refúgio.
Apressa-te em me socorrer, não te afastes de mim.

Sinto-me só, triste e abatido, não me abandones.
Depressa, Senhor, vinde em meu auxílio.

Por tua bondade, livra-me, liberta-me.
Inclina para mim teus ouvidos e cura-me.

Por numerosas e amargas tribulações tive que passar.
Permita-me de novo reviver, encontrar em ti
  consolação.

Protege-me, salva-me, pois a ti clamo sem cessar.
Consola o meu coração porque é para ti que se
  eleva a minha alma.

Escuta, Senhor, a minha oração.
Atende-me neste momento de solidão.

É para ti que se dirige o meu pedido e a minha súplica.

Amém.

4
Da angústia, tristeza e opressão

Da angústia, tristeza e opressão,
liberta-me, Senhor!

Do ódio, da malícia e da inveja,
liberta-me, Senhor!

Dos pensamentos de ciúme, raiva e das doenças físicas,
liberta-me, Senhor.

Dos pensamentos de suicídio e aborto,
liberta-me, Senhor.

Da divisão na família e de toda má amizade,
liberta-me, Senhor.

De todo desejo de fazer o mal, de toda falsa doutrina,
liberta-me, Senhor.

Amém.

5
Senhor, tem piedade de mim

Senhor, tem piedade de mim,
pelo santíssimo nome de Jesus.
Tu que estás em todos os lugares, e conheces tudo;
atende meu pedido, livra-me da enfermidade.

Tu que fizeste tudo,
e que tudo transformas com a tua soberana vontade.
Tu que és médico e remédio das nossas vidas,
cuidas dos que te buscam de coração sincero.

Tu, Senhor, que amas a todos,
estende tuas mãos poderosas;
os teus braços altíssimos para socorrer-me
e visitar-me com a tua bênção e proteção.

Na certeza do teu auxílio posso com gratidão dizer:
não terei medo do mal porque sei que estás comigo,
Tu és o meu Deus, minha força, Senhor poderoso.
Senhor da paz e proteção para sempre.

Amém.

Orações de
intercessão

1
Senhor, peço tua intercessão

Senhor, peço tua intercessão,
pelo teu poder libertador;
expulsa de mim o espírito de depressão.

Livra-me do ódio, medo, opressão, culpa,
da falta de perdão e qualquer outra força negativa
que tenha investido contra mim.

Enche-me com o teu amor, a tua paz, a tua alegria;
cura a depressão que me atacou e me liberta
  deste mal.
Cura todas as minhas lembranças dolorosas.

Peço-te que restaures em mim a alegria da minha
  salvação.
Senhor Jesus, permita que a alegria jorre
como um rio das profundezas do meu ser.

Traze ao meu pensamento as razões para agradecer-te.
Senhor, ajuda-me a alcançar-te e a tocar-te;
a manter meus olhos sempre voltados para ti.

Amém.

2
Eu creio, Senhor Jesus

Eu creio, Senhor Jesus,
que estás vivo e ressuscitado.
Eu creio que sempre falas comigo
pela Palavra que leio e medito.

Eu creio que estás presente
no Sacramento do Altar para me alimentar.
Eu creio que respondes às orações
de todos os que te buscam de coração.

Eu te louvo e adoro,
rendo-te graças, Senhor;
por teres vindo por amor de mim,
como Pão vivo descido do céu.

Amém.

3
Vem, Espírito Santo

Vem, Espírito Santo,
penetra as profundezas da minha alma,
com o teu amor e poder.

Lava-me da ira, inveja, ódio e vingança,
e apaga toda ansiedade que trago em mim;
toda amargura, angústia, sofrimento interior.

Liberta-me e purifica todo o meu ser;
quebra toda a dureza do meu coração,
desespero, tristeza, sentimento de culpa.

Apaga as barreiras de ressentimento,
mágoa, rancor, egoísmo, maldade, orgulho, soberba,
intolerância, preconceitos e incredulidade.

Amém.

4
Minha voz se eleva ao Senhor

Minha voz se eleva ao Senhor,
recorro e imploro ao Senhor,
diante dele recomendo a minha inquietação.

Diante dele apresento a minha angústia,
no momento em que meu espírito desfalece,
abatido em tempo de provação.

Não existe para mim refúgio,
encontro-me prostrado e abatido.
Eu te chamo, Senhor, Tu és o meu protetor.

Atende o meu clamor, porque estou em extrema
 miséria.
Livra-me daqueles que me perseguem, tira-me
 dessa angústia
ao invocar teu nome santo e poderoso.

Senhor, Tu ergues os abatidos,
amparas os desanimados, sustentas os que vacilam;
curas os que passam privações e necessidades.

Amém.

5
Cura-me, Senhor Jesus

Cura-me, Senhor Jesus.
Cura-me em meu interior,
dando-me vitória diante do pecado.

Cura-me em minhas emoções,
fechando as feridas das minhas mágoas.

Tu és a plenitude da vida, em ti ninguém é esquecido,
de ti vem o perdão, a paz e a saúde.

Visita-me com o teu auxílio,
e renova-me com o teu poder.

Tem compaixão de mim
e abençoa-me em todas as minhas necessidades.

Amém.

Orações de
ação de graças

1
Pai celestial

Pai celestial,
graças te dou, porque a minha aflição
não pode ser maior do que o teu auxílio;
e o meu pecado não pode ser maior
do que o poder de Jesus, meu Salvador.

Não há razão para temer.
Tenho um Deus que me ajuda e me salva.
Graças te dou, porque na minha aflição
não sou esquecido, pois teus olhos paternais
 me veem.

Tu contas todas as minhas lágrimas,
e teu coração amoroso deseja um auxílio para mim.
Tu me tens em tuas mãos e me levantarás das
 profundezas,
porque me amas e sei que nunca me abandonas.

Amém.

2
Bendito sejas, ó Deus, criador do universo

Bendito sejas, ó Deus, criador do universo,
que fizeste tudo o que há de bom;
e entregaste a terra ao homem para cultivá-la.

Concede-nos usar as coisas por ti criadas,
sempre com ação de graças,
e repartir com os necessitados.

Tudo que recebemos como dom,
te oferecemos no amor de Cristo, nosso Senhor,
que vive e reina para sempre.

Amém.

3
Senhor, elevo a ti meu agradecimento

Senhor, elevo a ti meu agradecimento,
ouviste a minha oração,
a ti chegaram os meus clamores.

Com ardor te procurei,
em ti coloquei a minha confiança,
pois me encontrava em extrema aflição.

Tua graça sempre é mais preciosa do que minha vida,
com as mãos erguidas invoquei teu nome e proteção,
sempre tens sido meu apoio e consolo.

Da aflição livraste a minha vida,
da queda preservaste os meus pés,
para que eu caminhe na tua presença em segurança.

Amém.

4
Obrigado, Senhor

Obrigado, Senhor,
tens para comigo tanta bondade.
De ti eu recebi a vida, o universo, o ar, a água,
plantas e alimentos que me dão vigor e saúde.

Pela tua bondade, pessoas me puseram no mundo;
com a tua ajuda, amigos ajudam-me a crescer
no amor, na bondade e na paz.
Como és tão bom para comigo.

Eu sei que não mereço, mas insistes em me amar
  tanto,
perdoando-me por todas as minhas faltas.
Agradecido sou, Senhor,
pelo teu amor, pelo teu perdão.

Senhor, força e luz da minha vida,
que, amando e perdoando de coração,
eu leve esperança e confiança a todos.
Que tua companhia e proteção jamais se afastem
  de mim.

Amém.

5
Senhor, recebe minha liberdade inteira

Senhor, recebe minha liberdade inteira.
Recebe meu louvor, minha gratidão.
Minha memória, minha inteligência,
toda a minha vontade e meus propósitos.

Tudo o que tenho ou possuo me foi dado
de tua generosidade e de tuas mãos benditas.
Ofereço-te e entrego sem reserva todas as coisas,
para que a tua vontade tudo governe.

Amém.

Orações de
louvor

1

Senhor, eu te agradeço pela minha vida

Senhor, eu te agradeço pela minha vida,
pela minha saúde e pelo dom da minha existência;
mereces todo louvor e agradecimento.

Entrego-me inteiramente a ti,
dá-me força e renovado ânimo;
paciência com aqueles que cruzam meu caminho.

Conforta-me com a tua Palavra,
reanima-me com a tua graça
quando abatido e cansado estiver.

Permanece ao meu lado em todos os momentos,
nas dificuldades, sofrimentos e contrariedades;
concede-me coragem e disposição.

Pai sempre protetor, abençoa-me,
meu consolo, força e auxílio;
nas tuas mãos entrego meu viver.

Amém.

2
Bendirei o Senhor por toda a minha vida

Bendirei o Senhor por toda a minha vida;
seu nome é santo, merece toda honra.

Louvarei meu Deus, pois sempre me conduz;
de coração proclamo minha gratidão e elevo meu louvor.

Cantarei suas maravilhas operadas em mim;
maravilhosos prodígios, sempre hei de exaltar.

Exaltarei o Senhor, pois protege a minha existência;
feliz é aquele que nele põe sua confiança.

Amém.

3
Quero louvar o Senhor

Quero louvar o Senhor,
porque Ele é bom, e sua bondade é infinita.
Exaltar a Deus porque Ele tem amor,
e o louvor lhe agrada.

Eu te louvo, Senhor,
de todo o meu coração.
E que minhas mãos estendidas para ti
sejam como uma agradável oferenda.

Quero adorar o Senhor,
e Ele encherá de honra e bênção a minha vida.
Estar perto do meu Deus
sempre será a minha alegria.

Sua misericórdia e generosidade são infinitas,
por isso, levanto as mãos para o Senhor,
e sempre o bendirei.

Amém.

4
Louvarei o nome do Senhor

Louvarei o nome do Senhor;
sempre o honrarei, cantarei a glória de seu nome.
Bendito seja o nome do Senhor, agora e para
 sempre.
Do nascer ao pôr do sol, seja louvado o nome
 do Senhor.

Celebrarei o Senhor, aclamarei o seu nome.
Cantarei ao Senhor hinos e cânticos.
Anunciarei a todos as suas maravilhas,
glorificando o seu santo nome.

Cantarei ao Senhor um canto novo,
bendirei seu nome, exaltarei suas obras.
Anunciando, a cada dia, a salvação que Ele me
 concedeu.

Amém.

5
Confiarei ao Senhor

Confiarei ao Senhor
todos os meus planos e projetos.
Ele protege com ternura e bondade
a vida de seus amados.

Amarei o Senhor,
guardarei seguir sua Palavra com retidão.
Pois feliz é o caminho
daquele que sabe ser agradecido.

Agradecerei o Senhor
com gratidão e ação de graças.
Não vacila o coração
daquele que no Senhor confia.

Exaltarei o Senhor,
pois protege com ternura e bondade.
Ele realiza imensos benefícios,
pois eterna é sua misericórdia.

Amém.

CATEQUÉTICO PASTORAL

Catequese – Pastoral
Ensino religioso

CULTURAL

Administração – Antropologia – Biografias
Comunicação – Dinâmicas e Jogos
Ecologia e Meio Ambiente – Educação e Pedagogia
Filosofia – História – Letras e Literatura
Obras de referência – Política – Psicologia
Saúde e Nutrição – Serviço Social e Trabalho
Sociologia

TEOLÓGICO ESPIRITUAL

Biografias – Devocionários – Espiritualidade e Mística
Espiritualidade Mariana – Franciscanismo
Autoconhecimento – Liturgia – Obras de referência
Sagrada Escritura e Livros Apócrifos – Teologia

REVISTAS

Concilium – Estudos Bíblicos
Grande Sinal
REB – SEDOC

VOZES NOBILIS

Uma linha editorial especial, com importantes autores, alto valor agregado e qualidade superior.

PRODUTOS SAZONAIS

Folhinha do Sagrado Coração de Jesus
Calendário de mesa do Sagrado Coração de Jesus
Agenda do Sagrado Coração de Jesus
Almanaque Santo Antônio – Agendinha
Diário Vozes – Meditações para o dia a dia
Encontro diário com Deus – Guia Litúrgico

VOZES DE BOLSO

Obras clássicas de Ciências Humanas em formato de bolso.

CADASTRE-SE
www.vozes.com.br

EDITORA VOZES LTDA.
Rua Frei Luís, 100 – Centro – Cep 25689-900 – Petrópolis, RJ
Tel.: (24) 2233-9000 – Fax: (24) 2231-4676 – E-mail: vendas@vozes.com.br

UNIDADES NO BRASIL: Belo Horizonte, MG – Brasília, DF – Campinas, SP – Cuiabá, MT
Curitiba, PR – Florianópolis, SC – Fortaleza, CE – Goiânia, GO – Juiz de Fora, MG
Manaus, AM – Petrópolis, RJ – Porto Alegre, RS – Recife, PE – Rio de Janeiro, RJ
Salvador, BA – São Paulo, SP